성경책별 집중연구(4)

저자 소개

총신대 종교교육학과(B.A)와 같은 신학대학원(M.Div), 아세아 연합신학대학 대학원(Th.M)을 마쳤다. 그 후 영국 카펜웨이바이블 스쿨을 수료했으며 미국 버지니아 리버티 신학대학원(D.Min)을 졸업했다.

서울 숭의 여중고교 교목과 예장 총회교육국 간사를 역임했으며, 영국 코벤트리 한인교회를 담임했다. 현재는 서울창성교회 담임목사이며 지하철 사랑의 편지 필자, 총신대 강사, 크리스천라이프센터 공동대표, EATS 교장으로 섬기고 있다.

저서로는 〈목사와 평신도〉 〈교사 위대한 힘을 꺼내라〉 〈청소년 설교 이렇게〉 〈요즘 내 아이 어떻게 키울까〉 등 다수가 있다.

초판 1쇄 발행 : 2008년 11월 17일

지은이 : 이진우
펴낸이 : 황성연
펴낸곳 : 도서출판 글샘
주　소 : 서울 동대문구 청량리1동 45-8
등　록 : 제124호(2001년 2월 23일)
ISBN : 978-89-913-5814-
총　판 : 하늘물류센터
전　화 : 031-947-7777
팩　스 : 031-947-9753

평신도 · 소그룹 · 제자훈련

성경책별 집중연구

이 진 우 지음

글 샘

머리말

“오직 이것을 기록함은 너희로 예수께서 하나님의 아들 그리스도이심을 믿게 하려 함이요” (요20 : 31)

“모든 성경은 하나님의 감동으로 된 것으로 교훈과 책망과 바르게 함과 의로 교육하기에 유익하니” (딤후3 : 16)

– 우찌무라는 일본의 유명한 종교가이다. 하루는 그에게 어떤 대학생이 찾아와 심각하게 질문을 했다.

“우찌무라 선생님, 저는 성경에 나오는 모든 기적들을 믿을 수 없습니다. 예수님께서 물위를 걸으셨다는 이야기, 부활하셨다는 이야기 등은 정말이지 제 이성으로 이해할 수 없습니다. 그런 황당한 이야기나 이해할 수 없는 기적 등은 빼놓고 다른 내용으로만 성경 공부를 하면 안 될까요?”

우찌무라의 대답은 이랬다.

“학생, 성경에서 사람의 이성으로 받아들이기 어려운 기적들을 다 제하고 성경 공부를 한다면 성경에 꼭 두 가지만 남는다네. 그것은 바로 성경의 앞과 뒤표지뿐이지.”

이 교재는 성경의 입문서입니다.

대부분의 성경공부가 특정 주제를 규명하기 위해 각 성경 증빙구절이 동원되거나, 특정 본문을 중심으로 깊게 넓게 심화해가는 스타일을 택하고 있습니다.

이런 교재들이 가지는 빈 구석을 보강하기 위해, 요즘은 성경전체의 내용이나 연대의 맥을 따라 내려가는 공부들이 인기를 얻고 있습니다.

그러나 본 교재는 위의 공부스타일들에서 얻을 수 없는 부분을 지향하고 있습니다. 즉 성경 각 책을 개관하며 그 핵심 내용과 기본 구조를 이해하게 하는 공부입니다. 엄연히 성경은 66권의 각 책이 있고 그들의 합일체가 바로 성경입니다. 따라서 각 권을 일목요연하게 짚어가는 접근은 신앙생활을 확신 있게 하려는 성도들에게 필수적인 단계일 수 있습니다.

새신자반을 마친 성도들이 이 과정을 공부한다면 더욱 유익하리라 봅니다. 혹은 오랜 신앙생활을 했으나 다시금 성경을 연구하기 원하는 성도들이 소그룹— 구역이나 훈련반—에서 다루면 좋을 것입니다.

교재 구성은 단순한 편이며 각 과를 해 나갈 때 해당 성경의 책을 통독해나가는 형식을 취하면 더욱 좋겠습니다. 더구나 각 과의 초두에 마음열기(Ice Break)가 있어서 어느 그룹이나 편안하게 시작할 수 있습니다.

우리의 소그룹을 주님이 축복하시기를 빕니다.

저자 이진우 목사

인도자를 위한 조언

1. 지루한 침묵이 있을 때는

만약 질문했을 때 그 질문이 적절하고 괜찮은 것이었다면 마음을 느긋하게 먹고 편안하게 생각하라. 사람들에게는 생각할 시간이 필요하다.

만약 질문이 적합하지 않거나 중요한 요점을 빼 같은 장소, 같은 교재를 가지고 있어도 어떤 소그룹은 생동하고 어떤 소그룹은 지루하기만 하다. 그 차이는 리더가 어떻게 소그룹내의 문제들을 풀어가느냐에 있다. 먹은 것 같다면 당신이 준비했던 질문을 보완할 수 있도록 다시 고쳐서 질문하라.

이렇게 조원들을 격려하라. '눈을 보고 말하라(eye contact), 미소. 느긋하고 여유있는 자세, 말하는 사람을 향해 다가앉음으로 당신이 듣고 있음을 보여주기, 당신이 듣고 있음을 고개를 끄떡임으로 보여주기, 대답해주셔서 감사합니다, 좋은 생각이군요…' .

2. 틀린 답변이 나올 때는

상냥하고 친절하라, 당황하게 만들지 말라.

다른 조원들에게로 질문의 방향을 돌리라. "다른 견해를 가지고 있거나 여기에 더 첨가할게 있는 사람 있나요?" 라고 질문한다.

당신이 토론의 내용을 정리하면서 부적절한 답변을 배제하라.

3. 진지한 분위기를 방해하는 요소들은

모임의 장소를 제공한 사람에게 전화를 받지 말고 자동응답기를 사용

하도록 하거나 아니면 전화선을 빼놓도록 요청하라.

만약 전체가 모이는데 계속적으로 스케줄에 문제가 생기면 그룹의 시간을 재조정한다.

방해거리가 그 어떤 것이 되었건 인내심을 가져야 할 것이다.

4. 어려운 질문에는

적절한 답변을 가지고 있지않다면 솔직하게 인정하고 조원들에게 연구해 보겠다고 말하라.

질문자들에게는 굉장한 질문이 될 수 있으므로 그들 스스로 조사하여 다시 그룹에서 토의하도록 한다.

5. 다룰 내용을 끝낼 수 없는 경우

처음 시작할 때부터 어느 정도의 지침(guidelines)을 설정하라.

내용의 각 부분마다 특정양의 시간을 할당하라.

"다 좋지만 우리는 다음 단계로 움직일 필요가 있습니다"라고 말하는 것을 두려워하지 말라.

6. 유별난 수다쟁이가 있는 경우

"아직 아무것도 이야기할 기회를 못가진 사람들의 이야기를 들어봅시다" 라고 하면서 당신의 질문을 다른 순원들에게 돌린다.

말 많은 사람 옆에 앉아서 그와의 눈접촉을 최소화한다.

7. 침묵을 지키는 조원이 있는 경우

편안하게 대답할 수 있는 위험부담이 적은 질문을 하라.

말하기를 꺼려하는 사람들과 눈이 잘 마주칠 수 있는 곳에 앉는다.

8. 질문이 잦을 경우

질문한 사람에게 다시 되돌려서 질문을 한다. "참 좋은 질문이네요, 그런데 형제님은 어떻게 생각하세요?"

모든 순원들에게 돌아가면서 다 질문하라. "참 좋은 질문인데 여러분 모두는 어떻게 생각하지요?"

좋은 질문, 적절한 질문을 계속 계발하라.

9. 반대와 갈등이 있는 경우

"오늘 성경공부 끝난 이후에 이 내용에 대해 계속 토론할 수도 있을 것입니다. 지금은 오늘의 공부내용에 집중하도록 합시다."

만약 두 조원이 정기적으로 언쟁을 벌인다면, 리더는 그들 각자와 이야기할 필요가 있다.

차 례

수업일 20 년 월 일

제 40 과

빌립보서를 소개합니다

열린마음 "자기가 가장 좋아하는 스포츠에 대해." 소개하기.

함께 읽을 말씀

주 안에서 항상 기뻐하라 내가 다시 말하노니 기뻐하라(빌4:4)

빌립보는 마게도냐의 첫성으로 부요한 도시였습니다. 이제 로마감옥에 있는 바울은 자신에게 있어 고통과 환희의 대명사인 빌립보교회를 생각하지 않을 수가 없었습니다. 본서에서 바울은 먼저 그들이 보내준 헌금에 대해 감사하고 있으며, 동시에 에바브로디도를 통해서 듣게 된 교회 평화를 해치는 것에 대한 확고하고 겸손한 신앙을 갖도록 권면하고 있습니다. 1,2장에서는 우리의 표본인 그리스도를, 3,4장에서는 우리의 확신인 그리스도를 말하고 있습니다.

Ⅰ. 유럽의 첫 교회

바울은 '마게도냐인의 환상(행16:9)' 을 보고 그 곳으로 건너갔습니다.

1 빌립보 교회의 최초의 교인들의 회심을 간단히 묘사해 보십시오.

· 행16:13~15 ....

· 행16:33~34 ....

특히 루디아는 "하나님을 공경한 여자" 로 설명되고 있습니다. 아마 빌립보서에서의 그리스도인들의 첫 모임의 장소는 루디아의 집이었을 것입니다.

2 교회가 설립되고 10년이 흐른 뒤 이 서신을 보냈는데, 그때 교회의 형편은 어떠했습니까? (1:5)

3 바울이 빌립보 교회에 진정 바라던 바는 무엇이었습니까? (4:2)

여기에서 우리가 짐작할 수 있는 교회의 형편은 어떤 것일까요?

Ⅱ. 모범된 삶

4 바울은 적당한 모범의 예를 들고 있습니다. 다음을 적절히 연결하십시오.

(2:19~20) ·	· 그리스도	· 겸손의 모범으로
(2:25) ·	· 디모데	· 견실함의 모범으로
(2:5~8) ·	· 에바브로디도	· 돌보는 일에서의 모범으로

사회생활에서 가장 중요한 덕행은 마음의 친절입니다.

5 빌립보 교회에 바울이 감사를 전하는 이유는 무엇입니까? (4:16~18)

그들은 기꺼이 사도의 필요를 채워주었던 것입니다.

Ⅲ. 기쁨이 있는 삶

6 만일 우리가 불평스런 얼굴을 하고 살아간다면 우리는 하나님의 뜻을 존중하는 것이 아닙니다. 왜 그럴까요?

7 참된 기쁨은 소유나, 쾌락에서 오지 않습니다. 그렇다면 바울의 기쁨은 어디에서 왔습니까?

① 1:18→

② 2:17→

③ 3:1→

④ 4:10→

당신은 어떤 경우에 기뻐하십니까?

8 그리스도인은 이 땅에서 방랑자가 아니라 나그네입니다. 왜 그럴까요?(3:20~21)

그리스도께서 다시 오실 때 우리를 변화시키사 하늘나라에 알맞은 시민으로 만들어 주실 것입니다. 이것이 지울 수 없는 기쁨의 근원입니다.

도움

• 본서의 특징은 구약의 인용이 전혀 없고 기쁨이란 말이 매 장마다 무려 16번이나 나오는 것입니다. 또 '기뻐하라'는 말은 '마음'과 함께 10번 언급되고 있는데, 이는 기쁨이란 입술의 미소만 말하는 것이 아니라 그리스도 안에서 누리는 마음 속에 있는 평안을 말합니다. 그리고 그것은 어떠한 환경에서도 깨어질 수 없는 평안입니다.

나눔

• 당신의 생활 가운데서 남들이 모방해도 부끄럽지 않은, 즉 남에게 본이 될 수 있다고 생각되는 면을 적어 보십시오.

• 본서는 바울이 '칭찬을 아끼지 않는 사람' 임을 나타내 주고 있습니다. 당신이 누군가에게 아낌없이 감사나 칭찬을 했던 적은 언제입니까?

묵상

시간은 시간을 정답게 다루는 사람들을 정답게 다룬다. A.프랑스

수업일 20 년 월 일

제 41 과

골로새서를 소개합니다

열린마음 "나는 나의 묘비에 이런 글이 쓰여지길 원한다." 발표하기

함께 읽을 말씀

그러므로 너희는 하나님의 택하신 거룩하고 사랑하신 자처럼 긍휼과 자비와 겸손과 온유와 오래 참음을 옷입고(골3:12)

골로새는 에베소에서 동쪽으로 약 160km 떨어져 있는 곳으로, 주로 이방인으로 구성된 교회였습니다. 에바브라는 교회에 침투하고 있는 이단에 대한 질문을 하려고 옥중에 있는 바울을 만나러 달려갔습니다.
바울은 교회의 머리가 되시는 그리스도에 관해 설명하며 영지주의적 사상과 페르시아의 점성학 및 혼합주의에 대해 경고를 하고 있습니다.
본서 1~2장은 교리적 부분이고, 3~4장은 실제생활에 관한 부분입니다.

Ⅰ. 미혹받는 교회

1 골로새 교회는 누구에 의해 설립되었습니까?(1:7)

그 당시 복음은 어느 정도까지 퍼졌습니까? (1:6,23)

2 골로새 교회에 침투한 이단의 정체는 어떤 것들이었습니까? (2:18)

오늘날에도 이같이 성모 마리아나 다른 것을 통하여 하나님께 나아갈 수 있다고 가르치는 자들이 있습니다. 그러나 주 예수님은 뭐라고 하셨습니까? (요14:6)

3 또 하나의 이단은 무엇을 주장했습니까? (2:16,20)

4 흔들리지 않는 깊은 신앙생활의 비결은 무엇입니까? (1:23)

Ⅱ. 모든 것이 되시는 그리스도

이 이단은 유대교, 희랍종교, 동양종교가 혼합된 것으로, 이로 인하여 그리스도의 주님으로서의 우월성 입증이 더욱 필요하게 되었습니다.

5 그리스도는 모든 것이 되십니다. 다음 요점을 간략하게 써 보십시오.

- 그의 신성에 있어서(1:15)
- 창조에 있어서(1:15,16)
- 초월에 있어서(1:18)

• 구속에 있어서(1:20~22) ....

• 머리되심에 있어서(1:18, 2:14) ....

• 그의 내주함에 있어서(1:27) ....

하나님께서 그리스도를 만물의 으뜸이 되게 하셨으니 그보다 낮은 곳에 그리스도를 계시게 해서는 안됩니다.

Ⅲ. 보다 높은 생활

바울은 골 1:9~14에서 한 교회를 위한 아름다운 기도를 드리고 있습니다. 이는 모든 그리스도인을 위한 그의 소원이기도 했습니다.

6 (　　)안을 채우십시오.

"너희로 하여금 신령한 (　　)와 (　　)에 하나님의 뜻을 아는 것으로 채우게 하시고 주께 합당히 행하여 (　　)에 기쁘시게 하고 모든 선한 일에 (　　)를 맺게 하시며 (　　　　　)에 자라게 하시고, 그 영광의 힘을 좇아 모든 (　　)으로 능하게 하시며, 기쁨으로 모든 (　　)과 (　　　)에 이르게 하시고 감사하게 하기를 원하노라." (1:9-12)

7 우리가 그리스도인으로서 가지는 모든 생활은 '그리스도 안에서' 의 생활입니다. 다음을 찾아보고 관련있는 것끼리 이어보십시오.

3:1 ·　　　　　· 그리스도안에 행함

2:20 ·　　　　　· 그 안에 뿌리박고 세워짐

2:7 ·　　　　　· 그와 함께 죽음

2:6 ·　　　　　· 그와 함께 다시 삼

이와 같은 생활만이 참되고 만족스러운 영원한 생활입니다.

도움

• 골로새서에서는 크게 두 가지 사상을 끄집어 낼 수 있습니다.

① "그리스도는 만유이시다" 그분은 창조주 하나님의 형상, 만물의 으뜸, 교회의 머리이십니다.

② "그리스도는 만유 안에 계신다" 그분은 만물보다 먼저 계시고 만물을 창조하셨으며 그리고 만물을 붙들고 계십니다.

나눔

• '그리스도가 모든 것의 모든 것이 되신다' 면, 그분은 우리나라의 머리도 되십니까? 우리 문화의 머리도 되십니까? 그렇다면 그것들이 어떻게 바뀌어야 합니까?

묵상

성숙은 돈을 쓰지 않고 가지고 다닐 수 있으며 감독없이 일을 완수할 수 있으며 보복하지 않고 부당한 대우를 감수할 수 있는 능력입니다.

제 42 과

데살로니가전서를 소개합니다

열린마음 현재 좌석에서 "내 왼쪽사람"의 장점은 ...이다.

함께 읽을 말씀

또 죽은 자들 가운데서 다시 살리신 그의 아들이 하늘로부터 강림하심을 기다린다고 말하니 이는 장래 노하심에서 우리를 건지시는 예수시니라(살전1:10).

데살로니가는 당시 인구가 밀집된 상업의 중심지로써 복음의 전초기지가 될만했습니다. 바울일행은 2차 여행 때 그곳에 복음을 전했으나, 큰 소동이 일어나 피신하였습니다. 아덴으로 피신 온 바울은 디모데를 데살로니가에 보내어 신앙을 권면하고 특히 재림에 대한 오해로 흔들리는 이들에게 간곡한 가르침을 베풀면서, 더욱 강건하고 사랑하기를 더하고 주의 강림을 기다리며 항상 기뻐하라고 격려하고 있습니다.
1장은 회고, 2,3장은 교회에 대한 경계, 4,5장은 실제적 권면을 하고 있습니다.

Ⅰ. 자랑스러운 교회

바울은 그의 2차 여행 때 디모데와 실라를 동반하고 데살로니가에서 3주일을 지냈습니다. 이 짧은 시간을 통하여 많은 헬라인들이 믿게 되었습니다(행17:4).

1 교회의 아름다움은 건물의 웅장함이나 화려함에 있는 것이 아닙니다.

바울이 말하는 이 교회의 아름다움은 무엇입니까? (1:1)

2 우리는 새로이 신자가 된 형제들을 어떻게 보살펴야 합니까? (1:2)

3 바울은 항상 데살로니가교회를 내세웠는데, 그 이유는? (1:7,8)

그들은 장차 바울의 '무엇' 이 될 것입니까? (2:19,20)

Ⅱ. 그리스도는 다시 오신다!

그러나 단 하나, 그들 중에 주님의 재림에 대하여 헛된 걱정이나 그릇된 기대에 빠진 이들이 있었습니다.

4 우리의 가장 큰 소망은 무엇입니까? (마24:30, 행1:11)

5 주께서 오실 때 나타날 현상을 간략히 써 보십시오.

- 4:13,14
- 4:17

주님의 재림은 너무도 확실하고 뚜렷한 사실입니다(요14:3).

6 주의 재림을 기다리는 것은 결코 나태한 삶을 의미하는 것이 아닙니

다. 우리는 무슨 일에 힘써야 합니까? (3:12, 4:9)

....

....

왜 우리의 삶은 근신하는 삶을 살아야 합니까? (5:6-8)

....

....

매일 아침 일어날 때에 우리는 '오늘이라도 주님이 오실런지 모른다'고 생각해야 합니다.

Ⅲ. 기다리는 자의 삶

주님의 오심을 기다리는 동안 소망의 노래를 부를 수 있도록, 바울은 우리에게 8개의 대음정을 주었습니다. 이 음정을 골고루 갖추어 조화된 삶을 살아야 합니다.

성구	요약	잘되고 있습니까?(○,△,×)	나의 결심
5:16			
5:17			
5:18			
5:19			
5:22			

바울은 시종일관 소망중에 일하고 수고하라고 권면합니다. 그리고 그 자신이 그날의 최고의 상급을 내다보고 뛰었던 것입니다.

도움

- 그리스도의 재림의 진리는 우리의 큰 소망입니다. 주님은 구름 속으로 가셨습니다(행1:9). 그리고 다시 승리의 영광 속에서 오실 것입니다(계1:7). 천사들이 그를 옹위할 것이며(마25:31), 죽은 자들은 일어나고 살아있는 자들은 변화를 받아, 에녹처럼 끌어올려질 것이며, 온 교회도 하늘로 들려 올라가서 구세주를 영접하게 될 것입니다. 할렐루야!

나눔

- 당신의 교회가 제2의 데살로니가 교회가 되기를 원한다면 어떤 점이 더 보강되어야 한다고 생각합니까?

묵상

어린아이는 그가 육적으로 난 아이이든 영으로 난 아이이든 모두 잘 먹고 잘 인도함을 받을 필요가 있습니다.

수업일 20 년 월 일

제 43 과

데살로니가후서를 소개합니다

열린마음 성경의 인물 중 가장 만나보고 싶은 인물은? 그 이유는?

함께 읽을 말씀

형제들아 우리가 너희에게 구하는 것은 우리 주 예수 그리스도의 강림하심과 우리가 그 앞에 모임에 관하여 혹 영으로나 혹 말로나 혹 우리에게서 받았다 하는 편지로나 주의 날이 이르렀다고 쉬 동심하거나 두려워하거나 하지 아니할 그것이라(살후2:1,2)

데살로니가전서를 보낸 이후로, 교회 내에 문제가 야기되었습니다. 거짓 교사들은 '그리스도의 날'이 이미 임했다고 주장함으로 성도들을 혼미케 했고, 급기야는 교회에 게으름을 조장시키게 되었습니다. 이에 바울은 성도들에게 주의 강림 이전에 발생할 사건들을 주지시키시며, 나태한 가운데 체념하지 말고 복음을 위해 수고하는 근면한 생활을 할 것을 권고합니다. 1장은 재림에 대한 격려이고, 2장은 적그리스도의 출현이며, 3장은 나태한 성도들에게 대한 훈계입니다.

Ⅰ. 환난 속에 있는 교회

1 사실, 데살로니가 교인들의 형편은 어떠했습니까? (1:6)

2 그런 틈을 타고 거짓 교사들은 무엇을 가르쳤습니까? (2:1,2)

그래서, 어떤 성도들은 이미 주님께서 예언하신, 재림 직전의 대 환난이라고까지 생각하게 되었습니다.

3 종말이 이르기 전에 누가 나타난다고 하였습니까? (2:3)

....

....

4 주님께서는 이것들을 어떻게 말씀하십니까? (마24:23,24)

....

....

이는 다니엘도, 요한도 언급하고 있습니다(계13:1). 적그리스도는 그리스도를 가장하여 최후의 발악을 할 것입니다.

Ⅱ. 흔들리는 사람들

5 이사야 선지자 당시 이스라엘 백성들과 데살로니가의 몇 교인들과는 어떠한 공통점이 있습니까?

· 사22:13 ....

· 살후3:11 ....

6 이에 대하여, 바울은 어떻게 말합니까?

· 3:10 ....

· 3:14 ....

7 결국 우리의 자세는 어떠해야 합니까? (고전10:31)

....

주께서 다시 오실 때 당신이 있어야 하는 최상의 장소는 '열심히 일하는 바로 그곳' 이어야 합니다.

Ⅲ. 영광의 날을 위하여

8 그리스도께서 오시는 두 가지의 목적은 무엇입니까?

① 1:8 ....

② 1:12 ....

주의 오심이 순종치 않는 자에게는 공포가 될 것입니다. 그분을 못 박은 사람들은, 그 날 이후 예수님을 보지 못하였습니다. 그러나 장차 있을 어느 날에 그 분은 온 세상 앞에 나타나 보이실 것입니다.

9 그러므로 바울이 권고하는 바, 우리가 '기다리는 동안' 가져야 할 자세는 무엇입니까?

① 3:5→ ....

② 3:13→ ....

③ 3:16→ ....

주의 오심이 아직도 지연되고 있는 이때야말로 다시없는 봉사의 기회입니다.

도움

• 주님의 오심은 돌연한 일이 될 것입니다만, 그러나 뜻밖에 일어나리라는 뜻은 아닙니다. 그리스도께서는 언제나 예비하고 있으라고 하셨습니다. 주의 날은 머지않아 올 것입니다. 그러나 어떤 일들이 이루어지기 전에는 오지 않을 것입니다. 하나님께서는 언제나 계획대로 역사하십니다. 주의 심판의 날에 앞서 ① 크게 배도하는 일 ② 적그리스도의 나타남 ③ 불법의 사람이 주께 도전함의 사건이 있을 것입니다.

나눔

• '세상은 점점 나아지고 있는가?' 토론해 봅시다.

• 주의 재림이 '지연' 되고 있는 이유가 무엇일까를 생각해 봅시다.

묵상

이 세상에서 주님은 '내게 오라' 고 명령하시지만, 저 세상에서는 '어서 오라' 고 환영하실 것입니다.

수업일 20 년 월 일

제 44 과

디모데전서를 소개합니다

열린마음 당신이 이 교회 담임목사라면 우선 무엇을 할 것인가?

함께 읽을 말씀

만일 내가 지체하면 너로 하나님의 집에서 어떻게 행하여야 할 것을 알게 하려 함이니 이 집은 살아 계신 하나님의 교회요 진리의 기둥과 터이니라(딤전3:15).

경험이 많은 노사도 바울은 에베소 교회에서 목회를 하고 있는 젊은 목사 디모데에게 편지합니다. 그의 임무는 거짓 교훈을 제거하고, 예배의 혼란을 시정하고, 성숙한 지도력을 배양하는 등의 막중한 것이었습니다. 본서는 교회의 지도자를 세우는데 필요한 지침서와도 같으며, 여기서 훈계와 실천적 모범을 통해 믿음을 가르쳐 주라고 격려하고 있습니다. 1~3장은 교회의 조직, 4~6장은 기타의 문제들을 다루고 있습니다.

Ⅰ. 믿음의 아들 디모데

바울이 2차 전도 여행에서 만나게 된 제자 디모데(행16:1)는 바울과 특별한 교제를 가졌습니다.

1 바울은 디모데를 무엇이라고 부릅니까? (1:2; 고전4:17)

여기서 당신이 느끼는 두 사람의 관계는 무엇입니까?

지금 당신은 '유능한 리포터' 입니다. 디모데라는 인물을 스케치하여 보십시오.

2 스케치 ① 딤전4:12 ……………………………………

고전16:10 ……………………………………

딤전5:23 ……………………………………

이 인물에 대한 당신의 결론은 무엇입니까?

3 스케치 ② 고전4:17 ……………………………………

……………………………………………………

그러므로 디모데는 자신의 연소함이 복음에 장애가 되지 않도록 늘 경계해야 했습니다.

Ⅱ. 굳건히 서라

4 오늘날의 그리스도인들(특히, 젊은이들)에게 요구되는 것은 무엇입니까? (4:8)

……………………………………………………

이것은 '이득' 이 있는 투자라고 생각하십니까? 내세에는 물론, 현세에서도 그렇다고 주님께서는 답하십니다(마6:33).

5 당신의 의견에는 거짓된 가르침을 멸해 버릴 수 있는 가장 효과적인 방법은 무엇이라고 생각합니까? (고르세요)

① 거짓 교훈을 무시한다. ② 공격한다. ③ 꾸준히 바른 교훈을 가르침

으로 거짓 교훈을 대체시킨다.

6 자, 이제 4:6,13,16을 읽고, 바울이 제시한 처방은 무엇인가 말해봅시다.

오늘날에도 만연하고 있는 어떤 거짓 교리를 말해 볼 수 있습니까?

Ⅲ. 하나님의 사역자들

당신이 평소에 생각하고 있던 교회 직분자의 자격과 성경이 말하고 있는 것을 비교해 봅시다.

7 목사 혹은 장로

성 경(3:1~7)	당신의 생각

8 집사

성 경(3:8~13)	당신의 생각

이 직분들은 교회의 머리된 그리스도를 모신 지체들이며, 결코 높고 낮음이 있을 수 없습니다. 모두는 각자의 분야의 직무를 감당하는 것입니다.

도움

- 하나님의 사람을 위한 표어(6:11,12)
  1. 피하라(Flee) - 거짓과 돈에 대한 사랑을!
  2. 좇으라(Follow) - 의와 경건과 믿음과 사랑과 인내와 온유를!
  3. 싸우라(Fight) - 믿음의 선한 싸움을!

나눔

- 당신을 디모데와 비교한다면, 어느 면이 강하고 어느 면이 약하다고 생각됩니까?
- 우리 교회의 직분자들을 어떻게 도울 수 있을까요?

묵상

진리에 지극히 미소하나마 다른 어떤 것을 첨가해 보라. 그러면 당신은 필연적으로 진리로부터 어떤 것을 빼내게 될 것이다.

수업일 20 년 월 일

제 45 과

디모데후서를 소개합니다

열린마음 누군가에게 권해주고 싶은 기독교서적 1권씩 소개하기

함께 읽을 말씀

네가 그리스도 예수의 좋은 군사로 나와 함께 고난을 받을찌니(딤후2:3).

연대적으로 본서는 바울의 마지막 서신입니다. 로마감옥에 갇힌 채 이 편지를 쓰는 바울은 에베소에서 역경과 대적들과의 영적 전투를 벌이며 사역하고 있는 디모데에게 지혜와 격려의 마지막 말씀을 나누어 주고 있습니다. 그는 생활의 중요성과 항시 말씀을 전할 것, 그리고 장차 교회 내에 있을 배교를 준비할 것을 강조합니다. 바울은 위기 속에서도 견고하게 딛고 설 수 있는 유일한 반석인 '하나님의 말씀' 의 중요성을 강조합니다.

1,2장은 복음을 지킬 것과, 3,4장은 복음을 선포할 것을 말합니다.

I. 차가운 옥 중에서

이 두 번째 체포는 전혀 예기치 않았던 일이었으므로 책들과 심지어는 겨울 겉옷까지지도 가지고 갈 시간이 없었습니다.

1 그의 외적인 형편을 묘사해 봅시다.

· 1:16,17 ....

· 4:10,12 ....

2 더구나 어떤 내적인 자세가 요구되었습니까?
(4:6) ....

....

3 바울은 어떤 소유품들을 가져올 것을 부탁하였습니까?(4:9,11,13,21)

....

....

다가오는 추위와 죽음 앞에서 노사도는 비장한 글을 쓰고 있습니다. 그가 갇혔던 매너틴 감옥(manertine)은 지하에 있었고 온기란 전혀 없었습니다. 크기는 길이 5.7m, 폭 3m, 높이 1.8m였는데, 천장에 뚫린 구멍으로만 들어갈 수 있었습니다.

Ⅱ. 싸움에서 고난을 받으라

4 디모데의 신앙의 배경은 어떠했습니까? (1:5, 3:15)

....

그러므로 '위인을 만들려면 할머니 때부터 시작하라' 는 말이 있습니다. 당신은 위 경우에 해당되십니까? 아니라면, 이제 이 일을 시작해야 합니다.

5 당시 삼십 오륙세된 디모데는 배교자들의 위험 앞에서 어떻게 해야 했습니까? (1:13,14)

....

바울이 경고하는 3:1~5의 타락성은 오늘날 우리 세대의 문제이기도 합니다.

6 그 항목들을 써보고, 구체적으로 설명해 봅시다.

내용	오늘날은?
① 자기를 사랑 ② ③ ④ 훼방한다 ⑤ ⑥ ⑦ 거룩하지 않다 ⑧ ⑨ ⑩ 경건의 모양만 있다	이기주의가 팽배하고 있다

Ⅲ. 그리스도의 군사들

7 2:2에서 보여주는 '복음의 4세대' 는 어떤 것입니까?

① 바울 자신→ ② (　　) → ③ (　　)→ ④ 또 다른 사람들……

위 그림은 끊어질 수 없는 복음의 고리입니다. 물론 바울의 앞에는 '바나바' 가 쓰일 수 있습니다.

8 위 그림이 다음과 같이 이어졌다면, ⑤, ⑦에 각각 이름을 써 넣을 수 있습니까?

① → ② → ③ → ④ → ⑤ (　　) → ⑥ 당신 → ⑦ (　　)

당신은 '또 다른 충성된 사람' 중의 하나가 되어야 합니다. 이는 복음의 물줄기입니다.

9 바울이 말하고 있는 그리스도인은 어떤 사람들입니까?

① 2:2 ....
② 2:3~4 ....
③ 2:5 ....
④ 2:6 ....

여기서 우리는 부끄러울 것이 없는 자로서 모든 시험을 견디어야 하는 것입니다.

디모데는 믿음의 아버지 바울이 네로에 의해 죽임을 당했다는 소식을 들었습니다. 그 슬픔에 잠겨있는 그에게 이 편지가 도착되었습니다. "사랑하는 아들 디모데여" 위로와 격려의 권면이었습니다.

도움

- 하나님의 말씀을 읽는 것과 그대로 사는 것은 별개의 것이며, 또한 하나님의 뜻을 아는 것과 그것을 행하는 것도 별개의 문제입니다. 순종하기보다는 열정을 품기가 쉽습니다. 주님이 쓰시기에 합당한 그릇이 되기 위해서는 더 굳은 결단이 있어야 합니다. 따라서 당신에게는 주님만이 공급하실 수 있는 힘이 필요합니다.

나눔

- 최근에 말씀을(3:16) 읽다 크게 감동 받은 구절을 함께 나누어 봅시다.

묵상

하나님께서는 먼저 일을 하기에 충분할 정도로 힘을 주시지 않고는 그것을 요구하지 않으신다.

제 46 과

디도서와 빌레몬서를 소개합니다

열린마음 우리 학교 선생님 중 가장 인기있는 분은? 그 이유는?

함께 읽을 말씀

범사에 네 자신으로 선한 일의 본을 보여 교훈의 부패치 아니함과 경건함과 책망할 것이 없는 바른 말을 하게 하라 이는 대적하는 자로 하여금 부끄러워 우리를 악하다 할 것이 없게 하려 함이라(딛2:7,8).

바울의 문하생 가운데 한 사람인 디도는, 그레데 교회의 내부 문제를 바로 잡고 정돈하라는 별로 달갑지 않은 임무를 부여 받았습니다. 바울은 가정과 일터에서 평판이 좋은 사람들을 따로 세워 장로로 임명하고, 그들로 교회의 일을 감독하게 하라고 권면합니다. 거짓 선생들을 빨리 발견해서 좇아내야 하고, 모든 성도들은 교회에서 각각 담당할 기능이 있습니다. 서신 전체를 통해 신자들이 구원 받은자로서의 삶을 생활화하는, 실천신앙의 중요성을 강주하고 있습니다(전3장).

Ⅰ. 디도서

1 디도가 목회하고 있는 그레데는 어떤 곳이었습니까? (1:12,13)

2 1:16이 지목하고 있는 사람의 모습은, 오늘날에 있어서는 어떻게 나타나고 있습니까?

....

....

3 "참된 지식은 올바른 (　　)을 낳습니다. (　　)이 당신을 구원할 수는 없지만(3:5), 그러나 (　　　)이 없다는 것은 그가 소유하고 있다는 (　　　)을 유력하게 부인합니다(1:16)."

[보기 : 선행, 행동, 하나님의 자녀됨]

하나님께서는 당신의 선행으로 구원하지 않으셨지만, 당신이 선을 행하도록 하시기 위해 구원하셨습니다.

4 본서의 권면의 말씀가운데 '당신'에 해당되는 부분을 찾아 읽고 어떻게 할 것인가를 기록하십시오.

① 노인(2:2,3)　　② 젊은이(2:4,6)　　③ 종들(2:9,10)

....

....

교훈 : 어떤 사람에 대해서 좋은 말을 하지 않을 바에는 차라리 아무 말도 하지 말라. 우리는 흔히 자기에게서 눈을 돌리기 위해 다른 이의 결점에 주의를 끌려고 할 때가 있다.

빌레몬서는 가장 짧은 서신이고 또한 가장 개인적인 것입니다. 바울은, 전에 도망자요 도둑이요 무익한 종이었으나 이제 주안의 형제가 된 오네시모를 대신하여 사랑하는 믿음의 동역자 빌레몬에게 '엽서'를 쓰고 있습니다. 오네시모를 다시 받되 자비를 베풀라는 편지를 그의 편에 보냈습니다. 그것은 오네시모에 대한 바울의 사랑이며 하나님의 사랑인 것입니다(전1장).

Ⅱ. 빌레몬서

5 당시 바울의 형편은 어떠했습니까? (1:9)

6 오네시모의 주인 빌레몬에게 바울은 무엇을 요청했습니까? (17,18)

7 그러나 종을 용서함에 대한 초점은 무엇입니까? (1:14)

• 바울은 노예제도에 대해 정면공격을 피하고 있습니다. 오히려 그는 그리스도인들의 행위와 교회에 대한 원리를 제시하여 그것을 준수할 때 노예제도는 저절로 무너진다고 봤습니다.

바울은 오네시모의 잘못을 극소화시키지 않았습니다. 두둔하지도 않았습니디.

용서란 그냥 눈을 감아주는 것이 아닙니다. 바울은 타인의 은혜에 근거해서 용서해 줄 것을 호소합니다. 서로 용서하는 것은 예수 그리스도께서 용서받을 가치가 없는 죄인들을 용서하심으로 친히 모범을 보이셨기 때문에 가능한 것입니다.

도움

- 이 당시에 로마의 상전들은 보통 10~100명의 노예를 가지고 있었습니다. 로마법에 따르면, 오네시모의 경우처럼 도망한 종은 중벌의 대상이 됩니다. 때로는 이마에 낙인을 찍기도 하며, 갑절의 노동을 하도록 형을 선고받거나 심지어는 투기장에서 짐승에게 던져지기도 하였습니다.

나눔

- 최근에 당신이 누군가의 '화해' 를 중재 하신적이 있습니까?

묵상

당신이 이미 알고 있는 바를 행하지 않는 한, 당신이 더 많이 알게 된다는 것은 별 유익이 되지 않는다.

수업일 20 년 월 일

제 47 과

히브리서를 소개합니다

열린마음 하루 24시간 중 내게 가장 소중한 시간은 (   )이다.

함께 읽을 말씀

그리스도를 위하여 받는 능욕을 애굽의 모든 보화보다 더 큰 재물로 여겼으니 이는 상 주심을 바라봄이라(히11:26).

본서는 믿음 때문에 박해 때문에 흩어져 있는 유대성도들을 향해서 기록되었습니다. 그들은 고통에서 피하기 위해 유대주의로 되돌아가려 하고 있었습니다. 그러므로 저자의 호소는 유대교회 체계에 대한 그리스도의 우월성에 그 근거를 두고 있습니다. 그리스도는 천사들보다, 아론보다, 그리고 율법보다 우월하십니다. 즉 유대교로 돌아가 얻는 것보다 그리스도를 위해 고난을 당함으로 얻는 것이 훨씬 더 많습니다. 1~4장은 그리스도의 뛰어난 인격, 5~10장은 그리스도의 우월한 제사장직분, 11~13장은 그의 탁월한 능력을 다루고 있습니다.

Ⅰ. 그리스도의 우월성

1 1:1~3은 누구보다 더 위대하심을 나타냅니까?

2 1:4은 누구보다 더 위대하심을 나타냅니까?

천사는 하나님의 별도의 피조물입니다. 천사들은 지금이나 장래에나 하늘에서 우리를 섬기는 자들인 것입니다.

3 어느 쪽이 더 위대합니까?

집 ↔ 설계한자 ....

사환 ↔ 주인 ....

....

모세와 그리스도는 누가 더 위대합니까? (3:5,6)

....

4 아론과 같은 대제사장들은 죄있는 인간과 하나님 사이에 다리를 놓는 임무를 수행했습니다. 그러나 이들의 제사는 거듭 반복되지 않으면 안 되었습니다. 대조적으로 그리스도는 멜기세덱의 반차를 좇은 대제사장이었습니다. 창14:1~20을 근거로 다음 질문들에 답해보십시오.

1. 그의 부모는? ....
2. 그는 언제 태어났습니까? ....
3. 그는 언제 죽었습니까? ....
4. 아브라함에 비해 누가 더 위대했나요? ....

마찬가지로 그리스도의 제사장직분도 시작이나 끝이 없습니다.

5 더 나은 희생제물이 되신 그리스도 :

율법하의 희생제물(10:1~4)	그리스도의 희생제물(10:5~18)
장차 오는 일의 그림자 계속 반복됨 죄를 기억케 함 짐승의 피	

그의 피는 흘려져야 했고(9:22) 그는 자신의 몸을 영원한 제사로 드렸고 하나님 우편에 앉으셨습니다(10:12).

6 그러므로 우리는 무엇을 얻습니까? (10:19,20)

Ⅱ. 그리스도 안에 있는 삶의 우월성

7 그분은 지금 무엇을 하십니까? (7:25)

8 당신은 그리스도인으로서 무엇을 의지하며 살아야 합니까? (3:1)

또한 당신과 나, 우리는 무엇에 힘써야 합니까? (10:25)

그리스도인들 간에 갖는 친교처럼, 우리를 자라나게 하는 것은 없습니다.

9 하나님을 기쁘시게 하는 '단 한 종류의 사람' 은 누구일까요? (11:6)

이 점에 대해 당신의 상태는 어떻습니까?

도움

• 모세는 하나님의 집에서 종이었으나 그리스도는 하나님의 집을 다스리는 거룩한 아들이십니다. 여호수아는 이스라엘 백성을 안식의 땅으로 인도하였지만 그리스도는 우리들을 하늘의 영원한 안식으로 데리고 가실 것입니다. 진실로 그리스도는 구약의 완성이십니다.

나눔

• 히11장의 인물중에서 하나를 택하여 '나의 모범' 이라는 제목으로 정리해 보십시오.

묵상

증거에 관계없이 어떤 것을 믿는 것 이상으로, 결과에 관계없이 어떤 것을 담대히 행하는 것입니다.

제 48 과

야고보서를 소개합니다

열린마음 오늘날 교인들의 가장 시정해야 할 점은 (　　)라고 생각한다.

함께 읽을 말씀

너희는 도를 행하는 자가 되고 듣기만 하여 자신을 속이는 자가 되지말라(약1:22).

'신약의 잠언' 이라고도 불리우는 야고보서의 저자는 예수님의 동생, 야고보입니다. 그는 유대인 성도들에게 보낸 서신을 통하여 참 믿음은 '행함' 으로 역사한다는 사실을 강조함으로써, 참된 믿음과 일상적인 실제 경험을 조화시키고 있습니다. 믿음은 시련을 이겨내며 말씀에 순종하여 편견을 용납지 않습니다. 믿음은 혀를 제어하며 지혜롭게 행하여 주님의 다시 오심을 인내로 기다립니다(전5장).

Ⅰ. 격려하는 장로 야고보

초대교회 당시부터 사람들은 야고보서, 베드로전후서, 요한1,2,3서, 유다서를 공동서신이라 불러왔습니다. 이는 그 수신자가 보편적이며, 또 일반적으로 기록되어 있기 때문입니다.

1 야고보는 본래 형 예수를 반대했었습니다(마13:55,57). 그러던 그에게 어떤 일이 일어났습니까? (고전15:7)

2 그 후 그는 어떤 인물이 되었습니까?

· 행12:17 ; 15:13 → ……………………………………………

· 약1:1 → ……………………………………………………

3 야고보 장로가 환난을 겪는 성도들에게 주는 격려 중에서(1:2~4) : '시험을 만나면(괴롭게, 기쁘게) 여겨야 한다. 왜냐하면 그것이(고통, 인내)를 만들어내며 급기야는(미숙함, 성숙함)을 이루기 때문이다.' (고를 것)

나아가서 이 시련은 훗날의 무엇을 약속합니까? (1:12)

……………………………………………………………………

……………………………………………………………………

4 그래서 그의 서신의 시작과 매듭은 무엇을 강조합니까? (1:6 ; 5:14~18)

……………………………………………………………………

……………………………………………………………………

• 전설에 의하면 그의 무릎은 기도 생활로 인하여 낙타의 무릎과 같이 굳어져 있었다고 한다.

Ⅱ. 요청되는 삶

믿음은 결코 홀로 존재하지 않고 행위라는 열매를 수반합니다.

5 만일 당신이 말씀에는 익숙하나 실천이 없다면 무엇과 같습니까? (1:24)

……………………………………………………………………

……………………………………………………………………

6 '전혀 미동도 없이 한 사람이 누워있다.' 이 때 그 몸이 살았는지 여부를 판별하는 가장 쉬운 방법은 무엇이겠습니까?

영적 삶에도 이 원리가 적용됩니다. 2:26에 근거하여 당신이 살았는지 점검하는 방법은 무엇입니까?

세 번 심호흡을 하십시오. 그리고 이번 주간에 영적인 호흡을 하기 위한 계획을 세우십시오.

7 2:1~4에서 요구하는 대인관계는 어떤 것입니까?

나아가서, 또 어떻게 해야 합니까? (2:8)

Ⅲ. 조심해야 하는 삶

8 3:10~12은 결국 무엇에 대한 경계입니까?

'철수는 길에서 영희를 만나 정수에 대해 비방을 하고 있었다' 에서, 이 비방을 통해 상처를 입는 사람 셋을 써 보십시오.

그래서 예부터 비방은 '셋째 혀' 라고 불리어 왔습니다.

9 야고보는 어떤 사람을 '온전한 사람' 이라고 합니까? (3:2)

....

....

이 혀가 잘 쓰이면 무엇이 될 수도 있습니까? (3:9,10)

도움

- 어떤 그리스도인에게는 역경으로 보이는 상황이, 다른 그리스도인에게는 좋은 기회가 될 수도 있습니다. 당신은 현재 겪고 있는 문제들을 어떠한 목적이 있는 기쁜일로 간주할 수도 있습니다. 그러나 그렇게 되기 위해서는 그 열매들을 하나님의 시각으로 보아야 합니다.
- 기도는 언제 해야 합니까? 고난당할 때(5:13), 즐거울 때(5:13), 병들었을 때(5:14, 15), 그리고 죄 지었을 때(5:16)

나눔

- 본서의 저자 야고보가 예수님을 메시아라고 믿기에 다른 사람보다 더 불리한 이유를 말할 수 있습니까?

묵상

믿음 하나만이 우리를 구원하지만 구원하는 믿음은 홀로 있는 것이 아닙니다.

제 49 과

베드로전서를 소개합니다

열린마음 지난 한 주간 중 제일 즐거웠던 순간은?

함께 읽을 말씀

주의 눈은 의인을 향하시고 그의 귀는 저의 간구에 기울이시되 주의 낯은 악행하는 자들을 향하시느니라 하였느니라(벧전3:12).

신약교회 초창기에 대표적인 복음의 대변인역을 맡았던 사도 베드로는 부활의 산증인으로서 소아시아에 흩어져 있는 유대계 신자들에게 편지를 썼습니다. 첫번째 편지에서 그는 성도들을 위로하며 핍박 가운데서도 소망을 가질 것을 권면하고 있습니다. 그들은 특히 그리스도께서 받으신 고난을 기억해야 했습니다.

본서는 베드로가 바벨론에 머물고 있을 때(5:13), 주후 약 63년경 바울의 동역자 중 하나인 실루아노를 통해서 이 편지를 써서 보냈습니다(전5장).

Ⅰ. 소망의 사도

여기서 베드로는 소망의 사도라 부름에 족함이 있습니다.

1 당신은 1장에서 '소망' 이란 말을 몇 개나 찾을 수 있습니까?

2 4:12에 근거하면 그들은 어떤 처지에 있었습니까?

....

....

그때는 그 유명한 폭군 네로가 통치하던 때였습니다.

3 그러므로 그들이 시련으로부터 시선을 돌이켜 바라봐야 할 것은 무엇이었습니까?

① 1:3 → ....

② 2:21 → ....

③ 4:13 → ....

이런 면에서 본서는 '고난당하는 성도를 위한 생존 교범' 이라고 불러도 좋을 것입니다. 당신은 혹 고난의 와중에 있습니까?

....

....

Ⅱ. 하늘의 사람들

4 베드로는 우리의 신분을 어떻게 표현합니까? (2:11)

....

왜 그렇습니까?

....

....

그러므로 우리가 사모해야 할 음식은 신령한 음식인 '하나님의 말씀(2:2)' 이어야 합니다.

....

5 또한 삶에서 제거할 잡초는 어떤 것들이 있습니까? (2:1)

• 오히려 '마음의 허리를 동이고' 근신하며 살아야 합니다(1:13~16).

6 우리의 삶이라는 집에서 그리스도는 어떤 위치에 있습니까? (2:4)

• 이 돌되신 그리스도는 모든 사람의 가는 길 위에 놓여 있습니다. 우리는 그를 소중히 모셔 올려 우리 생애의 모퉁이 돌로 삼든지, 그렇지 않으면 그 돌에 채여 비참히 죽게 될 것입니다.

Ⅲ. 고난을 위해 무장하라

당시 그리스도인들은 매일 밤 네로의 뜰에서 죽어갔습니다. 그것은 불시험이었습니다.

7 고난의 표본은 그리스도이십니다. 그 고난의 본질은 무엇입니까? (2:24)

8 오늘 우리가 받는 고난은 무슨 뜻을 지닙니까? (마16:24)

9 우리가 따르지 말아야 할 것은 무엇입니까? (4:3)

또한 고난에 앞서 가져야 할 자세는 무엇입니까? (4:12)

마귀는 마치 먹이를 찾는 사자와도 같습니다(5:8). 그러나 우리는 겁내지 않을 수 있습니다(5:10).

도움

- 본서에 나타나고 있는 사도 베드로의 모습은 복음서의 그것과 너무도 다릅니다. 여기서 그는 자비롭고 순결하며, 인내에 넘치는 모습을 보입니다. 이는 인간을 변화시키는 하나님의 역사가 아니겠습니까?
- 본서에의 훌륭한 헬라어 구사는 그의 비서인 실루아노의 도움이 컸을 것입니다.

나눔

- 내 생애 속에서 있었던 '가장 큰 시련'은 어떤 것이었고 어떻게 이겼습니까?
- 그리스도인의 시민권이란 무엇을 의미한다고 보십니까?

묵상

고난은 불운도 아니고 징계도 아니다. 다만 어느 쪽에서 보느냐에 따라 달라질 뿐이다.

제 50 과

베드로후서를 소개합니다

열린마음 가장 즐기는 동요 하나씩 부르자

함께 읽을 말씀

오직 우리 주 곧 구주 예수 그리스도의 은혜와 저를 아는 지식에서 자라 가라 영광이 이제와 영원한 날까지 저에게 있을지어다(벧후3:18).

베드로 사도의 두 번째 편지는 교회의 내부로부터 일어난 고난, 즉 거짓선생들의 일어남에 대한 경계였습니다. 그들은 거짓 교리를 가르치고 부도덕을 자행하고 있었습니다. 그 와중에도 하나님을 아는 지식과 사랑 안에서 자라고 있는 이들은 교리적 오류의 덫에 빠지지 않을 것입니다. 그러나 거짓을 일삼는 자들은 잠시는 번영하는 듯 보일지 몰라도 곧 화가 미칠 것입니다.
본서는 베드로의 마지막 편지였습니다(전3장).

I. 그리스도인의 미덕

1 베드로의 두 편지를 대조하면서 빈칸에 적당한 것을 써 넣으십시오.

전서	후서
현재의 고통을 말함	장래의 영광을 말함
"그리스도" 10회 사용	"주" 14회 사용
위로를 제공	주의를 환기

[보기 : 거짓 교훈을 강조, 고난을 강조]

2 우리가 가지고 있는 가장 큰 보배로운 약속은 무엇입니까? (1:4)

....

....

범죄 이후 하나님의 형상은 망가져 있었기 때문입니다(고전11:7).

3 다음 구절을 수학 공식으로 표현하면 어떻게 될까요?

1:2(곱하기) ....

1:5~7(더하기) ....

1:9(빼기) ....

Ⅱ. 그리스도를 부인하는 선생들

교회사의 초기부터 거짓 교사들은 출현했습니다.

4 그들의 정체에 대하여 기록한 2장에서 당신의 시선을 가장 끄는 내용을 써 보십시오(5가지 이상).

....

....

5 그러나 우리는 그들의 출현에 새삼 놀랄 필요는 없습니다. 그 이유는? (마24:11, 24)

....

....

어떤 거짓 종교라도 그리스도가 위대한 '선생' 이었다는 것을 인정하나, 자신의 보배로운 피로써 우리를 사신 '구주' 로서는 받아들이지 않는다.

6 그들의 결과는 어떻습니까? (2:3)

마치 무엇의 종말과 같습니까? (2:5~7)

하나님은 이렇게 경고의 기념비를 세워놓으셨습니다.

Ⅲ. 그리스도의 오심

당시 사람들은 그들 당대에 예수님께서 오실 것으로 기대했습니다.

7 그런데 그것이 지체되자 거짓 교사들은 어떻게 했습니까? (3:4)

그러나 우리는 무엇을 알아야 합니까? (3:8)

하나님의 시간표는 인간의 세계에 제약을 받지 않습니다(시간을 초월하심).

8 오히려 그 날이 '더딘' 이유는 무엇입니까? (3:9)

9 그러므로, 그 날을 기다리는 성도는 어떤 일에 힘써야 합니까? (3:14)

그러기 위해 우리는 '예수 그리스도의 은혜와 저를 아는 지식에서' 자라가야 합니다. 당신은 자라가고 있습니까? 살아있는 것은 자라나야 합니다.

도움

- 본서는 베드로가 전서를 쓴 2~3년 후에 쓰여졌습니다. 당시는 이단사상인 영지주의가 수많은 기독교인을 괴롭히고 있었습니다. 때문에 사도 베드로는 영지주의를 경고하여 초대교인들이 그릇된 길로 가지 않도록 하기 위해서 본서를 쓴 것입니다.

나눔

- 베드로처럼 마지막 시간이 다가왔을 때 당신이라면 다른 신자들에게 무엇을 말하겠습니까?
- 우리나라에서 생겨난 거짓 교사들(이단)에 대해 아는 대로 써보십시오.
  (ex) 박태선, 문선명

묵상

진리의 세계로부터 떨어진 한 쪽 구석진 곳에서 삶을 살아간다는 것은 실로 비극이다.

수업일 20 년 월 일

제 51 과

요한 일,이,삼서와 유다서를 소개합니다

열린마음 준비한 유머 한가지씩 발표하기

함께 읽을 말씀

내가 하나님의 아들의 이름을 믿는 너희에게 이것을 쓴 것은 너희로 하여금 너희에게 영생이 있음을 알게 하려 함이라(요일5:13)

주후 90년경 에베소에서 기록되었을 요한의 서신들은 그리스도인의 삶의 모든 영역에 걸쳐서 교훈을 주고 있습니다. 수신인의 주소나 성명이 포함되어 있지 않은 첫 번째 서신은 하나님을 빛과 사랑으로 묘사하고 있습니다. 하나님과의 교제는 거룩한 생활과 깨끗한 헌신을 요구합니다. 짧은 나머지 두 서신은 거짓 선생들을 멀리하고 참된 성도들과의 교제를 돈독히 할 것을 권하고 있습니다.

Ⅰ. 하나님과의 교제-요한1서

1 요한1서에는 요한이 왜 이런 편지를 썼는지에 대해 그 목적을 밝히고 있습니다. 빈칸을 완성하십시오.

① 1:3 너희를 우리와 (　　)이 있게 하려함이니

② 1:4 (　　)이 충만케 하려 함이로다

③ 2:1 너희로 (　　)를 범치 않게

④ 2:26 너희를 (　　)하는 자들에 관하여…

⑤ 5:13 너희에게 (　　)이 있음을 알게 하려…

2 우리가 갖는 사랑의 근본 원인은 무엇일까요? (3:16)

....

....

이것이 당신의 이웃에게 적용되려면 어떻게 해야 할까요?

Ⅱ. 원수들과의 관계-요한2서

사랑은 분별할 줄 알아야 합니다. 사랑과 진리는 분리될 수 없기 때문입니다.

3 거짓 선생들을 어떻게 대해야 합니까? (10)

....

4 그러기 위해 우리 자신이 먼저 어떻게 해야 합니까? (8,9)

....

Ⅲ. 형제들과의 교제 - 요한3서

5 다음 문장을 완성해 보십시오.

"내 생애 중 가장 행복한 순간은 (　　)였다."

그러면 사도 요한의 경우는 언제였는지 보십시오(4).

....

....

6 요한삼서에 등장하는 두 인물에 대해 묘사해 보십시오.

① 디오드베레(9): ....

② 데메드리오(12) : ……………………………………………………

……………………………………………………………………

당신은 어느 사람의 모습에 가깝습니까?

유다서 — 이 서신은 교회로 침투해 들어오는 거짓 선생들을 단호하게 꾸짖으며 공격합니다. 아마도 유다서의 독자들은 그의 공격 목표가 무엇인지 잘 알고 있었을 것이므로, 유다는 이단을 자세히 묘사하고 있지는 않지만 거짓 선생들을 책망하는 데는 말을 아끼지 않습니다.

Ⅳ. 세 가지 심판

여기서 유다는 3가지씩 예를 들면서 그의 메시지를 전하고 있습니다. 찾을 수 있을까요?

7 세 가지 심판의 예 : ……………………………………………………

……………………………………………………………………

8 세 가지 화를 선언 : ……………………………………………………

……………………………………………………………………

9 그리고 주의를 환기시키는 세 가지 권고를 찾을 수 있습니까?

……………………………………………………………………

……………………………………………………………………

- 싸우라! 투쟁하라! 하나님의 진리가 공격을 받을 때는 믿음을 위해 싸울 때입니다.

나눔

• 당신은 '사랑' 이라는 명목 때문에 '진실' 을 말해야 할 때를 피하고 있는 경우는 없습니까?
• 하나님과의 교제, 성도들과의 교제, 그리고 불신자들과의 관계…에서 당신의 경우 제일 약한 부분은 무엇입니까? 대비책은?

묵상

원수를 사랑하라. 그러면 그 사람과의 싸움에서 이미 절반을 이겨놓은 것이다.

수업일 20 년 월 일

제 52 과

요한계시록을 소개합니다

열린마음 오늘은 준비한 조그만 선물을 주고받는 시간과 악수례를 가집시다.

함께 읽을 말씀

그러므로 네 본 것과 이제 있는 일과 장차 될 일을 기록하라(계1:19)

창세기가 시작의 책인 것처럼 본서는 완성과 성취의 책입니다. 이 책에서 하나님의 구속의 계획은 성취되어 열매를 맺고, 하나님의 거룩한 이름이 모든 피조물앞에 공변되고 있습니다. 밧모섬에서의 유배생활(AD 95, 96년경)중에 요한에 의해 쓰여진 본서의 내용은, 부활한 그리스도의 환상과 상징을 중심으로 하고 있습니다. 그리스도 한 분만이 세상을 판단하고, 재창조하고, 의로움으로 통치하실 수 있는 권능을 지니고 있습니다. 1~3장은 소아시아 교회들에 대한 편지, 4~19상은 심판의 세 주기, 20~22장은 새 하늘과 새 땅을 보여주고 있습니다.

Ⅰ. 일곱 편지

요한은 알파와 오메가가 되시는 분으로부터 각 교회에게 보내는 책망과 다짐의 말씀을 기록하고 있습니다(지도를 참조하십시오).

1 우선 요한은 그의 책을 소개합니다.

① 책의 성격은? (1:3) ....

② 기원은? (1:1) ....

③ 주제 사건은? (1:19) ....

2 그리고 나서 요한은 각 교회에게 보내는 책망과 다짐의 말씀을 기록하고 있습니다. 당신이 제목을 붙여보십시오.

① 에베소 교회(2:1~7) ....

② 서머나 교회(2:8~11) 박해받은 교회 ....

③ 버가모 교회(2:12~17) ....

④ 두아디라 교회(2:18~28) 타협하는 교회 ....

⑤ 사데 교회(3:1~6) ....

⑥ 빌라델비아 교회(3:7~13) ....

⑦ 라오디게아 교회(3:14~22) ....

그리고 당신의 교회는 어떻게 기록될 수 있습니까?

....

Ⅱ. 장차 될 일들

3 다음 (　　)를 채우십시오.

"세상을 심판하기에 합당하신 (　　)이 심판의 (　　)으로 봉한 책을 취하실 때, 하늘의 피조물들이 엎드려 경배하며, 처음의 (　　)을 떼실 때 진노의 큰 날(6:17)을 이루는 전쟁과 기근, 사망, 지진과 우주의 대변동이 일어납니다."

[보기 : 여섯 인, 일곱 인, 어린 양]

4 그 날에 사단은 그 자신을 적그리스도로 화신합니다. 그때의 666이란 짐승의 숫자요, 사람의 숫자입니다. 그러나 적그리스도의 최후의 운명은 어떻습니까? (19:20)

5 성도들에게 베풀어지는 것은 무엇입니까? (19:7)

6 마지막 심판을 위한 눈부신 흰 보좌가 베풀어집니다. 이 때 '죽은 자(그리스도와 무관한 자)' 들이 그 앞에 섭니다. 어떤 일이 있습니까? (20:12,13)

7 전 날의 구세주께서 이제는 재판장으로 나타나십니다. 판결의 근거는 무엇입니까? (20:15)

Ⅲ. 영원히 행복하게!

창세기부터 시작된 하나님의 이 웅장한 이야기는 "…그리고 그 후로는 영원히 행복하게 살았다"는 말로써 끝납니다.

8 다음은 성경의 서론과 결론을 대조시켜 그 성취를 보는 것입니다. 빈칸을 채우십시오.

창세기	계시록
사람을 위한 에덴동산	(21:1) ....
첫 아담의 결혼	마지막 아담의 결혼 ....
큰 원수 사단의 출현	(22:18~19) ....
슬픔과 고통의 시작	(21:4) ....
생명나무의 금지	(22:2) ....

9 예수 그리스도께서 그의 계시 가운데 마지막으로 하시는 말씀은 무엇입니까?(22:20)

....

그리고 당신과 나의 응답은 무엇입니까? (22:20)

....

....

도움

- 사단이 에덴동산에서 첫 사람을 만난이래, 죄로써 인간과 하나님을 갈라놓으려는 시도는 끊임없이 계속되어 왔습니다. 그러나 사단은 실패하고 우리는 영원히 그리스도와 함께 살 것입니다.

나눔

- "하늘나라는 이런 곳이라고 생각한다." 나름대로 재미있게 표현해 보십시오.
- 어쩌면, 내년에는 주님이 재림하실지도 모르겠군요. 그날까지 당신의 삶은 어떠해야 할까요?

묵상

문제는 당신이 누구며, 어떤 사람인가 하는 인격과 인물에 관한 문제가 아니고, 하나님이 그대를 지배하시는가 않는가의 문제입니다.